CREADOR DE MINECRAFT

MARKUS "NOTCH" PERSSON

KARI CORNELL

ediciones Lerner ◆ Mineápolis

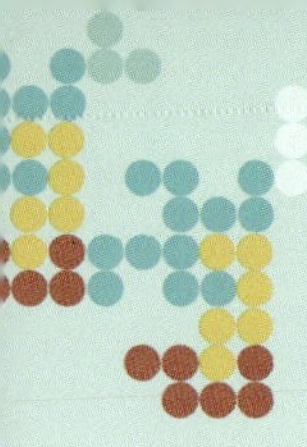

Para Theo, el entusiasta de los videojuegos más dedicado y creativo que conozco.

ediciones Lerner
Una división de Lerner Publishing Group, Inc.
241 First Avenue North
Mineápolis, MN 55401, EE. UU.

Si desea averiguar acerca de niveles de lectura y para obtener más información, favor consultar este título en www.lernerbooks.com.

Fuente del texto del cuerpo principal: Adrianna Regular.
Fuente proporcionada por Chank.

Las imágenes de este libro cuentan con el permiso de: Emma Johansson/TT/Sipa USA, pp. 4, 12, 24; © Daniel Hägglund/flickr.com (CC BY-NC-SA 2.0), p. 5; © Libux77/Dreamstime.com, p. 6; © The Advertising Archives/Alamy, p. 7; © Roberto Zilli/Shutterstock.com, p. 9; © matthewab2001/Flickr.com (CC BY 2.0), p. 10; © INTERFOTO/Alamy, p. 11; Phil Velasquez/KRT/Newscom, p. 14; Sebastian Davidsson/TT/Sipa USA, p. 15; © Miles Willis/Stringer/Getty Images, p. 16; © veryan dale/Alamy, p. 17; Paul Hennessy/Polaris/Newscom, pp. 19, 26, 27; © Jamel Toppin/Forbes Collection/Corbis Outline, p. 21; REUTERS/Ints Kalnins/Newscom, p. 22; ZUMA Press/Newscom, p. 23; © Danny Mahoney/XS LasVegas/Splash News/Corbis, p. 28. Portada: © Jamel Toppin/Forbes Collection/Corbis Outline (principal), © luskiv/Shutterstock.com (fondo).

Library of Congress Cataloging-in-Publication Data

The Cataloging-in-Publication Data for *Creador de* Minecraft *Markus "Notch" Persson* is on file at the Library of Congress.
ISBN 978-1-7284-7440-3 (lib. bdg.)
ISBN 978-1-7284-7504-2 (pbk.)
ISBN 978-1-7284-7505-9 (eb pdf)

Fabricado en los Estados Unidos de América
1-52036-50549-12/2/2021

CONTENIDO

UN NIÑO Y SU COMPUTADORA

Markus Persson sueña con lo mismo desde que era pequeño. En el sueño, juega con sus amigos en el bosque cerca de la casa de su infancia. Markus se pierde y

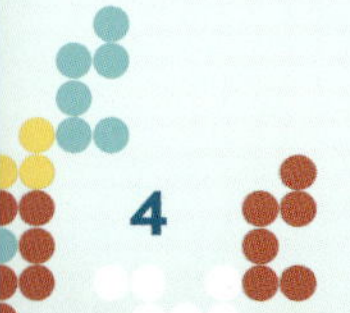

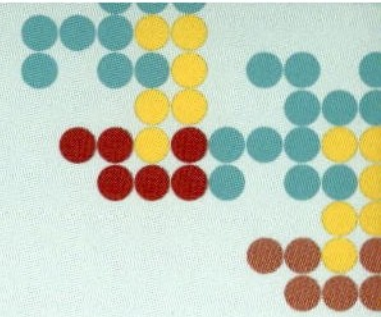

comienza a darse cuenta de que está verdaderamente perdido. Finalmente, encuentra un camino que lo lleva a su hogar.

Partes de este sueño terminaron en *Minecraft*, el videojuego único y popular que Markus diseñó en 2009. El juego incluye bloques tipo LEGO que los jugadores usan para construir lo que quieran. Se ha vendido más de lo que nadie, ni Persson, podría haber esperado.

PRIMEROS AÑOS

Markus Alexej Persson nació en Estocolmo, Suecia, el 1 de junio de 1979. Su madre era enfermera. Su padre trabajaba para el ferrocarril sueco y adoraba jugar con las computadoras. Markus creció en Edsbyn, una pequeña ciudad en el campo sueco.

La ciudad natal de Markus, Edsbyn, Suecia, tenía muchas tierras y bosques para explorar.

Él y sus amigos pasaban los veranos jugando en el bosque.
Durante el invierno, Markus pasaba horas jugando con bloques de
LEGO. Construía naves espaciales y automóviles complejos, solo
para desarmarlos y crear algo nuevo.

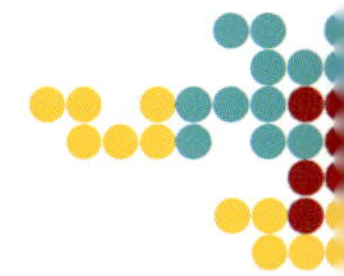

Cuando Markus tenía siete años, su padre compró una Commodore 128, una de las mejores computadoras personales disponibles en ese momento. Markus y su padre pasaron toda la noche leyendo el manual y conectando los cables. La computadora venía con algunos juegos, pero Markus estaba mucho más interesado en las instrucciones simples de **programación** incluidas en el manual. Cuando escribía un **código**, lograba que la computadora hiciera cosas como desplazar el texto hacia arriba o hacia abajo en la pantalla. También comenzó a escribir código que estaba impreso en la contratapa de las revistas de videojuegos.

Un anuncio de la Commodore 128, una computadora popular en la década de 1980 que Markus usó para aprender a programar

CONVERSACIÓN TÉCNICA

"Mi hermana me leía las líneas y yo las escribía en la computadora. Después de un tiempo, me di cuenta de que si no escribía exactamente lo que me decían, pasaba algo diferente cuando finalmente se ejecutaba el juego. Esa sensación de poder era embriagadora".

—*Markus Persson*

En un año, Markus comenzó a escribir sus propios **programas de computadora** para juegos de aventura de texto simple. En este tipo de juego, los jugadores leen en la pantalla y escriben un texto específico para avanzar por la historia. Al principio, Markus no sabía cómo guardar lo que había hecho, entonces, cada vez que apagaba la computadora, su programa se perdía. Pero a Markus no le importaba. Simplemente la encendía y comenzaba de nuevo. Amaba aprender a controlar la computadora.

EL NACIMIENTO DE UN JUGADOR

En 1986, Markus y su familia se mudaron a Estocolmo. Markus tuvo dificultades para adaptarse a su nueva escuela. Con el tiempo, se hizo amigo de chicos que estaban tan interesados en las computadoras como él. Juntos jugaban videojuegos, como *The Bard's Tale*. También jugaban juegos de mesa de rol, en los que creaban sus propios mundos de fantasía, con monstruos, dragones y elfos. A Markus le encantaban estos juegos y, a menudo, dirigía al grupo inventando historias y planteando desafíos a los demás jugadores.

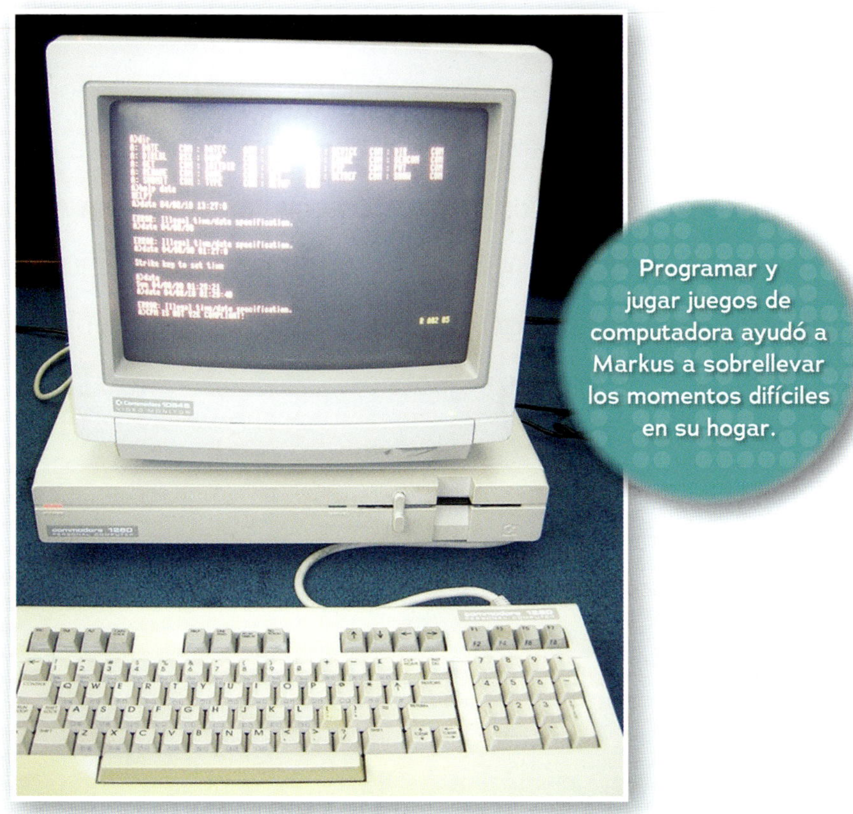

Cuando Markus tenía doce años, sus padres se divorciaron y su padre se mudó. Markus intentaba distraerse de estos problemas con los videojuegos y la programación. A veces, Markus estaba tan concentrado en la programación que no quería ir a la escuela. Le decía a su madre que no se sentía bien y luego pasaba todo el día frente a la computadora.

Aunque Markus tenía un buen desempeño en la escuela, pocas clases le interesaban. A los catorce años, Markus ya sabía que quería trabajar en la creación de videojuegos. La única clase de programación de computadoras en su escuela secundaria era demasiado fácil. El primer día de clase, Markus se sentó y programó su propia versión del juego de computadora Pong, basado en Ping-Pong. Su maestra vio su trabajo y le dijo que no tenía que regresar hasta el último día para la prueba final. Markus obtuvo fácilmente una A en la clase.

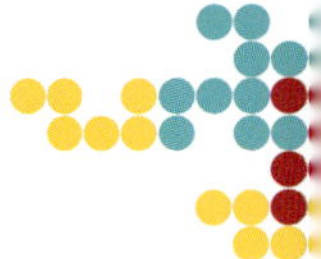

Pong, uno de los primeros videojuegos populares

Capítulo 2

CONVERTIRSE EN
PROGRAMADOR

Persson dejó la escuela secundaria en 1997 para trabajar como programador de computadoras, pero no en una compañía de juegos. Se aburrió con el trabajo y lo dejó después de unos seis meses. Poco después, ocurrió una **recesión** y los empleos en la industria de la computación se volvieron mucho más difíciles de encontrar.

Vivía con su madre, creaba sus propios juegos y participaba en concursos de programación de juegos de computadora. No ganaba dinero, pero estaba mejorando en la escritura de código. Su madre lo animó a tomar clases de programación para que saliera de la casa. Tomó una clase sobre un lenguaje de programación llamado C++.

Persson trabajó un par de años con un **distribuidor** de juegos llamado Gamefederation. Luego, en 2004, consiguió el trabajo de sus sueños. Fue contratado como programador en la popular compañía de videojuegos Midasplayer, más tarde llamada King.com. Persson fue uno de los primeros programadores que contrataron.

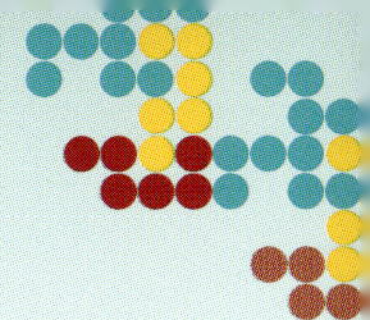

CONVERSACIÓN TÉCNICA

"Lo que separaba a Markus de otros desarrolladores de King era que tenía un profundo conocimiento sobre los juegos. Markus tenía un poco de todo en él, es más como un artista independiente".

—Tom Cheshire, periodista de Wired

No podía creer que finalmente estuviera trabajando como programador de videojuegos. Su primer desafío fue aprender el lenguaje de programación ActionScript. Lo aprendió rápidamente e impresionó a sus compañeros de trabajo con sus habilidades.

MANIPULAR LAS REGLAS

En poco tiempo, Persson comenzó a enseñar a los nuevos empleados a escribir código para los juegos. Uno de estos empleados era Jacob Porser, y los dos rápidamente se hicieron amigos. Porser y Persson compartían la pasión por los videojuegos. También amaban jugar al juego de cartas Magic: The Gathering. El sueño de Porser era desarrollar un videojuego basado en Magic. Él y Persson pasaban las horas del almuerzo y el tiempo después del trabajo hablando sobre cómo podrían desarrollarlo.

Un jugador sostiene cartas de Magic: The Gathering.

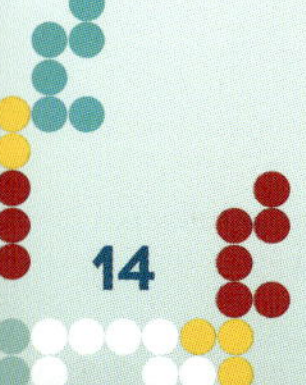

Mientras tanto, Persson estaba ocupado trabajando en sus propios juegos nuevos en su tiempo libre. Pero Midasplayer tenía reglas que prohibían que los empleados desarrollaran sus propios juegos. Después de publicar su último juego en la red de la empresa e invitar a sus compañeros de trabajo a probarlo, Persson fue despedido.

Sin embargo, Persson no estaba muy molesto por tener que dejar Midasplayer. Había aprendido mucho en los cuatro años que trabajó allí y había desarrollado más de veinticinco juegos. Pero estaba listo para progresar. Más que nada, Persson quería estar a cargo de sus propios juegos. Quería tener la libertad de crear juegos interesantes que le gustaran en lugar de preocuparse por cómo se venderían los juegos.

Persson rápidamente obtuvo un empleo en jAlbum, un sitio de álbumes de fotos personales en línea. Se hizo amigo de un **ejecutivo** de negocios de la empresa, Carl Manneh. Como la empresa no se dedicaba a la creación de videojuegos, Persson tenía la libertad de desarrollar sus juegos en su tiempo libre. Y eso es exactamente lo que hizo.

Carl Manneh, que trabajó con Persson en jAlbum

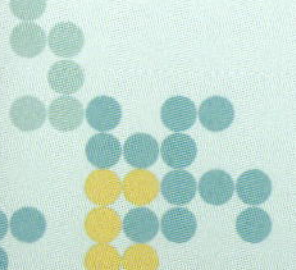

Jugadores jóvenes que participan en un torneo de *Minecraft* el 9 de agosto de 2014.

EL ÉXITO DE
MINECRAFT

En un fin de semana tranquilo de mayo de 2009, Persson se sentó en la computadora de su casa y escribió el código para un juego en el que había estado pensando durante un tiempo. Cuando terminó, el juego no parecía completamente terminado, pero así le gustaba a él. De hecho, dejó partes del juego sin terminar para que los jugadores pudieran participar en el desarrollo del juego.

El nuevo juego de Persson, denominado *Minecraft*, proporcionaba un mundo digital donde los jugadores eran libres de explorar el paisaje. La mayoría de los jugadores deciden asentarse y empezar a construir con un suministro de ladrillos que pueden usar para crear lo que quieran. "Extraen" recursos como oro, lana o madera. El único objetivo real del juego es terminar de construir un refugio seguro antes del anochecer, cuando los monstruos y zombis vienen a atacar. Los jugadores también son libres de trabajar en modo creativo, donde los monstruos no existen.

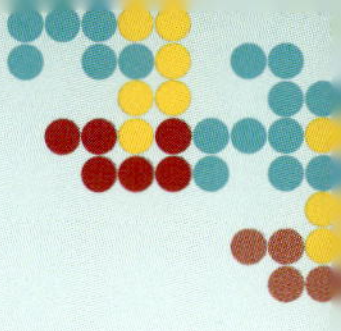

El mundo simple de *Minecraft* y la libertad de exploración de los jugadores lo convirtió en un éxito instantáneo.

UN ÉXITO INSTANTÁNEO

El 17 de mayo de 2009, Persson lanzó *Minecraft* en línea a través de TIGSource, un sitio para jugadores y creadores de juegos. Casi de inmediato, vendió alrededor de cuatrocientas **descargas** del juego por día a un precio de seis dólares cada una. En el primer año, *Minecraft* vendió unas veinte mil descargas. A finales de 2010, Persson vendía esa misma cantidad de descargas al día. Estaba asombrado por el éxito instantáneo del juego.

El juego se estaba vendiendo como loco y ni siquiera estaba terminado. En TIGSource, los jugadores proporcionaban ideas y comentarios sobre el juego. Todos los viernes, Persson leía

los comentarios de los jugadores mientras actualizaba el juego con nuevas funciones. Al invitar a los jugadores a opinar en la configuración de *Minecraft*, Persson se ganó el respeto y la lealtad de millones de fanáticos.

"Hay reglas de diseño de juegos inamovibles: enseñar a las personas a jugar, tener objetivos, un personaje, un adversario. *Minecraft* tiró todo por la borda. . . . Hay una comunidad activa y rabiosa de jugadores que crean "modificaciones": de todo, desde instrumentos musicales jugables hasta meteoros que caen y tornados".

—*Peter Molyneux, diseñador de juegos*

En 2010, Persson decidió adoptar el nombre Notch cuando estaba en línea. Notch era el nombre que siempre usaba en TIGSource, y decidió usarlo cada vez que se comunicaba con fanáticos y jugadores. Usar un nombre diferente hizo que Persson, por lo general tímido, se sintiera más cómodo expresando sus opiniones sobre los videojuegos. Actualmente, la mayoría de los fans conocen a Persson como Notch.

La popularidad
de *Minecraft* hizo de
Persson un nombre
popular entre los
jugadores.

Capítulo 4

Programadores trabajando en la oficina de la empresa Mojang

UNA NUEVA ERA

Durante años, Persson y Porser había soñado con iniciar su propia empresa de desarrollo de juegos. A finales de 2010, finalmente dejaron sus trabajos diarios para empezar Mojang, que significa "artefacto" en sueco. Contrataron a Carl

Manneh, amigo de Persson de jAlbum, para manejar los detalles del negocio, mientras que Persson y Porser se centraron en el desarrollo de juegos. Mojang pronto estaba obteniendo ganancias, mientras que las ventas de *Minecraft* seguían aumentando. Durante el primer año de la empresa, contrataron a varios empleados nuevos. *Minecraft* era el foco de Mojang, pero Persson también alentó a Porser a desarrollar su idea para un juego de computadora basado en Magic: The Gathering.

A medida que creció la popularidad de *Minecraft*, el juego ganó varios premios de la industria y elogios de los desarrolladores de juegos.

Minecraft se había convertido en un fenómeno mundial. Los fans se reunían en línea para hablar sobre el juego. Compartían instrucciones sobre las formas más fáciles de hacer diferentes elementos en *Minecraft*. Los jugadores también publicaban sus propias fotos de creaciones de *Minecraft*, incluido el Taj Mahal, la Torre Eiffel e incluso el planeta Tierra.

Los fanáticos apasionados enviaban a Persson cientos de comentarios cada día sobre formas de mejorar *Minecraft*. Después de un tiempo, se volvió demasiado para él. En 2011, entregó el control del desarrollo y las actualizaciones de *Minecraft* a Jens Bergensten, el principal **desarrollador de juegos** en Mojang.

PROBLEMAS DE LA VIDA REAL

En 2011, las ventas de *Minecraft* seguían subiendo, y Persson se había casado recientemente. Luego, unos días antes de Navidad, Persson se enteró de que su padre se había suicidado. Persson se sintió devastado. En los meses posteriores a la muerte de su padre, Persson y su esposa se divorciaron.

Se centró en nuevos proyectos para no pensar en sus problemas. Comenzó a trabajar en un nuevo juego llamado *0x10c*. El nuevo juego se basó en *Minecraft* pero ambientado en el espacio. El juego incluía muchas funciones avanzadas, como una computadora que los jugadores podían programar. Finalmente, Persson abandonó *0x10c*. Decidió que no estaba preparado para manejar un proyecto tan grande.

Mientras tanto, la popularidad de *Minecraft* siguió creciendo. En noviembre de 2013, Mojang recibió a más de siete mil

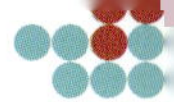

quinientos fans, muchos vestidos como sus personales favoritos de *Minecraft*, en una convención en Orlando, Florida. Para junio de 2014, *Minecraft* había vendido increíble cifra de cincuenta y cuatro millones de copias. Mojang se asoció con LEGO y otras empresas de juegos. Los kits de LEGO de Minecraft, libros, espadas de espuma y disfraces llenaban los estantes de las tiendas.

Los fans posan con espadas de estilo *Minecraft* en la convención de 2013 de *Minecraft*.

Pero toda la publicidad estaba empezando a desgastar a Persson. Estaba cansado de escuchar las quejas de los fanáticos sobre el juego. También se enteró de que algunos fanáticos estaban ganando dinero ilegalmente con *Minecraft*. En septiembre de 2014, Persson vendió Mojang a Microsoft por 2500 millones de dólares. Los fanáticos y los empleados de Mojang se sorprendieron por la noticia, pero Persson no se disculpó. Agradeció a sus fans por su apoyo a lo largo de los años. Les dijo que siempre serían los verdaderos dueños de Minecraft.

ALGO NUEVO

Persson y Porser han comenzado una nueva empresa de desarrollo de juegos llamada Rubberbrain, con sede en Estocolmo. Persson intenta concentrarse en divertirse en lugar de intentar crear un juego que sea mejor que *Minecraft*. Incluso Persson cree que no es posible para él desarrollar un juego que le llegue cerca. Los fans solo tendrán que esperar para ver qué pasa.

LÍNEA DE TIEMPO

1979

Markus Alexej Persson nace en Estocolmo, Suecia. Poco después, la familia se traslada a Edsbyn, una pequeña ciudad en el campo.

1986

El padre de Persson trae a casa una computadora Commodore 128. La familia regresa a Estocolmo.

1987

Persson programa su primer juego de aventuras de texto.

1997

Persson abandona la escuela secundaria para conseguir un trabajo como programador.

1999

Persson renuncia a su trabajo justo cuando las empresas de tecnología dejan de contratar.

2009

Persson desarrolla *Minecraft* y lo publica en TIGSource.

2010

Persson y Jacob Porser inician su propia empresa llamada Mojang.

2011

Persson entrega el control de *Minecraft* a Jens Bergensten, el principal desarrollador de Mojang.

2014

Las ventas de Minecraft alcanzan cincuenta y cuatro millones de copias. Microsoft compra *Minecraft*.

2015

Persson y Porser inician una nueva empresa de juegos llamada Rubberbrain.

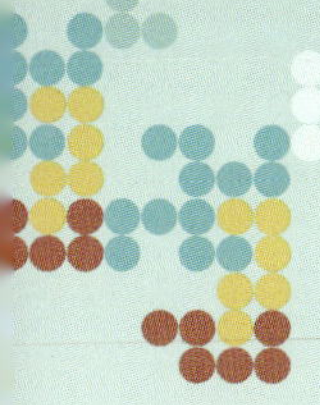

NOTAS SOBRE LAS FUENTES

8 Simon Parkin, "The Creator," *New Yorker*, 5 de abril de 2013, http://www.newyorker.com/tech/elements/the-creator.

13 Tom Cheshire, "Changing the Game: How Notch Made Minecraft a Cult Hit," *Wired*, 15 de septiembre de 2014, http://www.wired.co.uk/magazine/archive/2012/07/features/changing-the-game.

18 Simon Parkin, "The Creator."

20 David Peisner, "The Wizard of Minecraft," *Rolling Stone*, 7 de mayo de 2014, http://www.rollingstone.com/culture/news/the-wizard-of-minecraft-20140507.

25 Tom Cheshire, "Changing the Game".

GLOSARIO

código
una serie de letras, números y símbolos que puede entender una computadora

desarrollador de juegos
una empresa o persona que crea videojuegos

descargas
copias transferidas de una ubicación, como un sitio web, a otra, como una computadora personal

distribuidor
una empresa que envía productos a tiendas o sitios web para venderlos

ejecutivo
una persona en una empresa que toma decisiones sobre cómo opera la empresa

programación
usar código para decirle a una computadora que haga algo

programas de computadora
conjuntos de instrucciones paso a paso que le dicen a una computadora que haga algo

recesión
un momento en el que las empresas no contratan y muchas personas pierden sus trabajos

MÁS INFORMACIÓN

LIBROS

Kaplan, Arie. *The Crazy Careers of Video Game Designers*. Mineápolis: Lerner Publications, 2014. Desde el diseño hasta la animación, descubre lo que se necesita para crear videojuegos.

Milton, Stephanie, Paul Soares Jr. y Jordan Maron. *Minecraft Essential Handbook*. Nueva York: Scholastic, 2013. Ingresa al mundo de *Minecraft* con este manual para principiantes.

Orr, Tamra. *Markus "Notch" Persson, Creator of Minecraft*. Kennett Square, PA: Purple Toad, 2015. Obtén más información sobre la vida y el trabajo de Markus Persson como desarrollador de videojuegos.

SITIOS WEB

Code Monster
http://www.crunchzilla.com/code-monster
Prueba tu suerte escribiendo código con la ayuda de Code Monster.

Minecraft
https://www.minecraft.net/es-es
Visita el sitio web oficial de *Minecraft* para obtener una descripción del juego y un recuento actual del número de copias vendidas.

Minecraft Wiki
http://minecraft.gamepedia.com/Tutorials
Desarrolla tus habilidades de *Minecraft* con estos tutoriales para sobrevivir el primer día, construir refugios, explorar y más.

ÍNDICE

ACERCA DE LA AUTORA

Kari Cornell es una escritora y editora independiente que vive con su esposo, dos hijos y un perro en Mineápolis, Minnesota. Escribe sobre personas que han encontrado la manera de hacer lo que aman. Cuando no está escribiendo, le gusta ocuparse de su jardín, cocinar y hacer algo inteligente de la nada. Obtén más información sobre su trabajo en karicornell.wordpress.com.

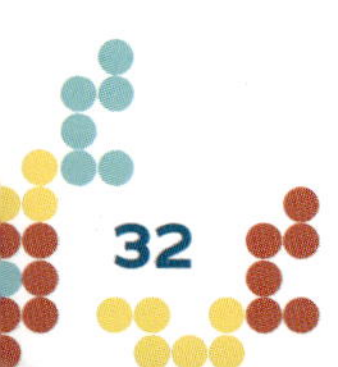